Made in the USA
Monee, IL
21 February 2022

91599619R00090